LE SNOWBOARD

Paul Mason

GAMMA • ÉCOLE ACTIVE

extrêmes limites

LE SNOWBOARD

SOMM

Dans la collection :

LE MOTOCROSS
LE VTT
LE SKATEBOARD
LE ROLLER
LE SURF

Avertissement !

Le snowboard est un sport dangereux. Ce livre te donne de nombreux conseils, mais le lire n'est pas suffisant pour pratiquer sans risque. Tu dois être responsable de ta sécurité.

Titre original : *Snowboarding*
Auteur : Paul Mason

Traduit par Jacques Canezza.
Dépôt légal : juillet 2001.
Bibliothèque nationale.
ISBN 2-7130-1930-3

Exclusivité au Canada :
Éditions École Active
2244, rue de Rouen, Montréal,
Qué. H2K 1L5.
Dépôts légaux : 3e trimestre 2001.
Bibliothèque nationale du Québec,
Bibliothèque nationale du Canada.
ISBN 2-89069-672-3
Loi n° 49-956 du 16 juillet 1949
sur les publications destinées à la jeunesse.

Imprimé en Italie.

Crédits photographiques :
Toutes les photographies sont de Whitelines/Nick Hamilton, excepté page 6 de Burton.

AIRE

Le snowboard

La plupart des snowboarders (riders ou rideurs) sont jeunes, mais certains d'entre eux prennent leur première leçon à plus de soixante ans. Et il y a autant de filles que de garçons qui se lancent dans ce sport. Dans les différentes disciplines de snowboard, tu trouveras le *freeride* pour le hors-piste, le *freestyle* pour exécuter des figures, le snowboard de compétition et le snowboard de randonnée.

Une piste interdite au snowboard dans une station française.

Un sport de fous !

Quand le snowboard fit son apparition, quelques stations l'interdirent, car les snowboarders étaient considérés comme dangereux pour les autres skieurs. Ils furent alors obligés de faire du hors-piste. Aujourd'hui encore, de nombreux surfboarders considèrent le surf hors-piste (le freeride) comme la forme la plus pure de ce sport.

Le jargon du snowboard

Board : la planche, le surf.

Fakie : rider en fakie, c'est glisser en marche arrière.

Fixation : la partie qui relie le pied à la planche.

Goofy : tu es goofy si tu surfes avec le pied droit en avant sur la planche.

Half-pipe : une piste aménagée en forme de U et utilisée pour exécuter des sauts.

Peuf : la poudreuse, la neige fraîche très appréciée des snowboarders.

Regular : tu es regular si tu surfes avec le pied gauche en avant sur la planche.

Les origines

Dans les années 1960, des amateurs de surf et de skateboard essayèrent de pratiquer leur sport sur la neige. Mais les premières tentatives furent pour le moins risquées. On pensait alors qu'il fallait sauter de la planche en cas de difficulté. Aujourd'hui, on sait que l'on contrôle mieux la planche et limite les risques d'accident quand les pieds sont fixés.

Jake Burton, un inventeur de la côte Est des États-Unis, présenta ce que l'on considère comme la première planche de snowboard. La plupart des premières planches étaient très difficiles à diriger, ce qui explique l'interdiction du snowboard dans certaines stations de ski... Ces planches permettaient malgré tout de surfer.

Tout le monde connaît la suite.

À gauche : une des premières planches.
Ci-dessous : un snowboarder qui semble s'éclater.

Jake Burton

Bien qu'il soit encore jeune, Jake Burton est considéré comme le grand-père du snowboard. La société qu'il créa dans son garage possède aujourd'hui des filiales dans le monde entier, avec un chiffre d'affaires de plusieurs millions de dollars et des centaines d'employés.

Jake est peut-être le grand-père du snowboard, mais il se défend encore bien !

La mode de l'époque

Dans les années 60, les seuls vêtements assez chauds pour surfer étaient les vêtements de ski. La mode était alors aux combinaisons et aux bandeaux fluorescents.

L'équipement

La gamme des équipements du snowboard est très variée. Certains tiennent même les promesses des fabricants. Mais malgré ce que suggère la publicité, l'équipement qui rend plus séduisant auprès du sexe opposé n'a pas encore été inventé.

Comme fixations, les plaques sont plus rapides et plus faciles à chausser.

Les boots plus rigides (*hardboots*) transmettent rapidement le mouvement à la planche.

La plus grande longueur pour la stabilité directionnelle.

Une spatule avant (*nose*) large facilite le passage dans la poudreuse.

La position du rider est décalée vers l'arrière, ce qui lui permet de mieux diriger la planche.

Le surf est plus creusé entre les pieds (taille de guêpe plus étroite), les carres sont donc plus longues avec plus d'adhérence.

Une spatule arrière *(tail)* plus rigide pour un meilleur contrôle des virages et une position plus en arrière.

Pour le freeride

Pour surfer hors piste et dans la poudreuse, les planches sont généralement plus longues et unidirectionnelles bien que l'on puisse rider en fakie si nécessaire.

Une plus courte longueur pour le saut.

La spatule avant est flexible, ce qui facilite les atterrissages.

La position du rider est centrée, ce qui permet de surfer en fakie.

Le surf est moins creusé entre les pieds (taille de guêpe plus large), ce qui le rend plus flottant et facilite la glisse.

L'équipement du snowboard comporte trois éléments indispensables : la planche, les chaussures (*boots*) et les fixations. Il en existe plusieurs types, adaptés aux deux principales disciplines de snowboard : le *freeride* et le *freestyle*. Mais la plupart des planches sont polyvalentes.

Comme fixations, les coques garantissent une plus grande liberté de mouvement aux chevilles.

Les boots plus souples (*softboots*) donnent de meilleures sensations et un pilotage en souplesse.

Pour le freestyle et le half-pipe

Pour les figures acrobatiques aériennes, les planches sont plus courtes, donc plus légères, et symétriques, ce qui permet de rider en fakie après les sauts.

Vêtements et accessoires

Voici un secret qui te permettra de progresser, d'apprendre des tricks plus rapidement et de surfer plus vite et plus longtemps. Tu penses que c'est une pilule miracle ? L'hypnose ? Un type particulier de planche ? Ce n'est rien de tout cela : ce que tu peux faire de mieux en montagne, c'est de ne pas avoir froid.

Une check-list

- ☑ **Bonnet (pas en laine).**
- ☑ **Lunettes.**
- ☑ **Maillot de corps en fibres thermiques.**
- ☑ **Veste en tissu polaire.**
- ☑ **Gants de snowboard.**
- ☑ **Caleçons en fibres thermiques.**
- ☑ **Gourde.**
- ☑ **Petit sac à dos (pour les vêtements).**
- ☑ **Outil multifonctions de snowboard.**
- ☑ **Un peu d'argent.**
- ☑ **Maillot de corps de rechange.**
- ☑ **Écharpe (pas en laine).**

Le pantalon

- Étanche et renforcé aux fesses pour s'asseoir dans la neige.
- Le bas des jambes est élastique pour empêcher la neige de passer.
- Certains pantalons sont ouverts afin de rafraîchir les jambes.
- Dans le dos, une doublure de molleton permet d'éponger la sueur.

Le cerveau exige que la chaleur du corps se concentre dans la tête et autour du cœur. Si tu n'as pas chaud, ton corps ralentit : tu te déplaces plus lentement, tu as moins d'énergie et tes gestes sont moins coordonnés. Si tu as vraiment froid, ta pensée devient confuse. Et tu peux mourir d'hypothermie.

Un col montant garde la chaleur.

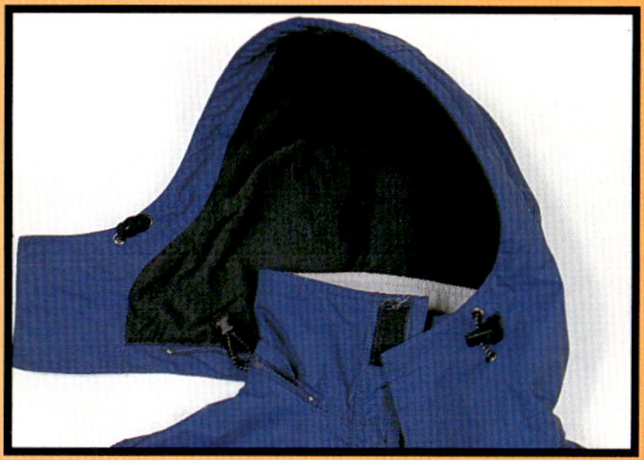

Une capuche garde la chaleur et protège de l'humidité.

Des poches pour les cartes de remontée, les lunettes, les cartes…

Une fermeture Éclair (à double curseur) permet d'accéder au pantalon.

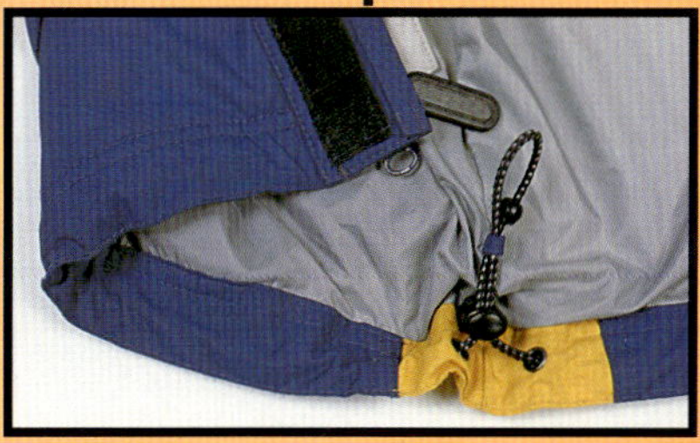

Un cordon pour resserrer le bas.

Des poignets élastiques empêchent la neige de passer.

Les bases

L'apprentissage du snowboard peut être difficile, mais il n'existe que deux techniques de base :

- **le virage frontside effectué de face, sur la partie droite du surf si tu es regular ;**
- **le virage backside effectué de dos, sur la partie gauche du surf si tu es regular.**

Quand tu maîtrises ces deux techniques et si tu restes prudent, tu peux surfer sur presque toutes les pistes et même hors piste dans la poudreuse.

1

2

3

4

Le virage backside

1 Tu dois rester détendu et plier les genoux pour baisser ton centre de gravité.

2 Tourne tes hanches dans la direction où tu veux aller et fais porter ton poids sur les talons.

3 Quand tu es dans la bonne direction, relâche la pression sur tes talons jusqu'à ce que tu ailles tout droit.

5

6

7

8

9

Le virage frontside

Tu dois rester détendu et plier les genoux pour baisser ton centre de gravité.

5, 6, 7 Tourne tes hanches dans la direction où tu veux aller et fais porter ton poids sur les orteils. Essaie de répartir équitablement ton poids sur tes deux pieds.

8, 9 Quand tu es dans la bonne direction, relâche la pression sur tes orteils jusqu'à ce que tu ailles tout droit.

Pour éviter de se faire peur !

On ride toujours une planche sur l'une des carres, sauf dans les virages et dans la poudreuse. Quand tu passes d'une carre sur l'autre, il y a toujours un moment où la planche est à plat. Elle peut alors accélérer très vite. Pour éviter cela, il faut continuer à tourner et revenir sur une carre.
IL NE FAUT PAS HÉSITER !

Le style !

Les virages brusques, au cours desquels la planche racle la neige, ne sont pas très beaux. Essaie de négocier des virages en douceur, sans trop déraper.

La poudreuse

La plupart des riders apprennent à surfer en pensant à un type de snowboard. Certains aimeraient devenir champion des snowparks et des half-pipes. D'autres rêvent de se faire déposer par un hélicoptère au sommet d'un pic pour faire du hors-piste.

Pour surfer partout, il faut savoir surfer dans la poudreuse. Cela se fait presque toujours hors des pistes et c'est extrêmement dangereux. Tu risques non seulement de te casser un bras ou une jambe, mais aussi de te tuer. Ne fais jamais du hors-piste sans être accompagné d'un guide qualifié.

La technique

Surfer dans la poudreuse exige beaucoup de force dans le pied arrière, car tu te sers de ton pied avant pour empêcher le nose de ta planche de s'enfoncer dans la neige. C'est un peu comme rouler sur la roue arrière d'un vélo ou d'une moto.

Anthony Gumbly négocie un virage frontside à Val d'Isère, France.

Éviter les risques !

Tous les ans, de nombreux surfeurs se tuent en faisant du hors-piste. Ne fais jamais de hors-piste sans être accompagné d'un guide expérimenté qui connaît le secteur.

Ne suis jamais les traces d'un autre surfeur : il peut être bien meilleur que toi. Il peut aussi être étendu mort au pied d'une falaise, juste après le prochain virage.

James Stentiford effectue une très belle descente dans de la poudreuse.

Le freeride

Pour de nombreux surfeurs, le freeride est la discipline par excellence. Comme son nom l'indique, c'est surfer en toute liberté, où vous voulez, comme vous aimez : sur piste, hors piste, au milieu d'arbres, à découvert, avec des sauts ou sans. La seule règle est de ne pas mettre sa vie et celle des autres en danger.

Chamonix

Un guide touristique de Chamonix affirme que « les remontées mécaniques donnent accès à un domaine hors piste si vaste qu'on ne peut en faire le tour en un million de saisons ».

Chamonix est la capitale européenne des sports de montagne et l'une des meilleures stations pour le freeride. Mais attention ! La sécurité prime avant tout.

Jonny Barr surfe dans des conditions idéales à Chamonix.

Une check-list

- ☑ **Vêtements chauds (voir p. 10-11).**
- ☑ **Émetteur (bip qui permet aux secours de te retrouver si tu es enseveli).**
- ☑ **Sonde d'avalanche (te permet de retrouver des personnes ensevelies).**
- ☑ **Pelle pliante.**
- ☑ **Couverture de survie.**
- ☑ **Nourriture : chocolat et fromage pour les coups de fatigue.**
- ☑ **Téléphone mobile.**

Pour les freeriders les plus pointus !

L'héliboard

Les pros vont, chaque hiver, faire de l'héliboard au Canada et en Alaska. Un hélicoptère les dépose sur un sommet. Ils n'ont d'autre choix que de descendre sur leur planche !

Jackson Hole, dans le Wyoming (États-Unis). Une station de freeride impressionnante.

L'ollie

Si la moitié des snowboarders considère le freeride comme la discipline par excellence, l'autre moitié ne jure que par le snowboard acrobatique, le freestyle.

Cette discipline, proche du freeride dans sa quête de liberté, s'intéresse surtout au style et privilégie les figures acrobatiques aériennes. Les adeptes du freestyle se lancent chacun leur tour sur un tremplin et répètent la même figure jusqu'à ce qu'ils la réussissent ou qu'ils soient hospitalisés. Ces figures s'inspirent beaucoup de celles du skateboard. Elles portent souvent les mêmes noms bien qu'elles soient parfois différentes.

1 Fléchis le buste et concentre le poids de ton corps sur les jambes.

2 Le pied avant lève le nose.

3 Le pied arrière arrache le tail.

L'ollie

La règle est ici de commencer par de petits sauts et d'augmenter progressivement leur longueur. Même les meilleurs snowboarders respectent cette règle lorsqu'ils apprennent une nouvelle technique. Pour effectuer un ollie, il faut soulever le pied droit, puis le gauche.

4 Détends-toi.

5 Atterris. Tu peux enfin sourire !

Un method air – Simon Brass

Un frontside 360° tail grab – Elliot Neave

Un frontside 540° stale fish – Stu Brass

Le half-pipe

Tu trouveras un half-pipe dans toute station de ski qui se respecte. Il sera probablement fréquenté par une foule de snowboarders éclopés qui se traîneront en haut du half-pipe pour une dernière tentative. Entre deux sauts plus ou moins acrobatiques, les snowboarders glissent en travers du half-pipe. Cet exercice est très spectaculaire quand tout va bien, mais se termine mal la plupart du temps. Et ça se passe beaucoup plus souvent mal que bien.

Terje Haakonsen exécute un McTwist tailbone lors des championnats américains à Stratton, dans le Vermont.

Un snowboarder en route vers le paradis du half-pipe.

Des camps d'été

Des camps d'été de snowboard sont établis sur tous les glaciers du monde. Les snowboarders creusent des half-pipes, et ne les utilisent que deux heures par jour : lorsque la neige n'est plus dure comme de la roche (le matin) et n'a pas encore fondu au soleil (l'après-midi).

Il existe des variantes. Dans les quarter-pipes, les snowboarders n'exécutent qu'un saut en allant aussi vite et aussi haut que possible. Le problème est que l'on risque de se blesser plus gravement que dans un half-pipe.

Et si tu veux encore d'autres occasions de tomber, il y a des tremplins de toutes les tailles sur et autour des pistes, dans les zones de snowboard. La plupart d'entre eux sont construits par des snowboarders, mais quelques-uns sont naturels. Certains surfeurs se servent d'arbres abattus, de toits ou de bancs comme de tremplins.

Peux-tu en vivre ?

Pour de nombreux riders, le rêve absolu serait d'être payé pour faire du snowboard. Cela paraît génial : on parcourt le monde pour des compétitions, on visite des endroits merveilleux pour tourner un film ou participer à une campagne de publicité pour un sponsor. Certains des meilleurs snowboarders ont été récemment engagés pour enregistrer des séquences vidéos pour le jeu électronique *Snowboarding*.

Nicola Thost pendant une compétition de half-pipe nocturne à Salen, en Norvège.

Et les filles ?

Les filles ont toujours aimé le snowboard. Dans de nombreuses stations, les filles qui surfent sont aussi nombreuses que les garçons. Et parmi elles, se trouvent d'excellentes professionnelles.

Des surfeuses, telles que Cara-Beth Burnside et Nicola Thost apportent la preuve que les filles peuvent exécuter des figures aussi spectaculaires que les garçons.

Pour beaucoup de professionnels et de semi-professionnels, la réalité est tout autre. La plupart des contrats signés avec les sponsors ne portent que sur l'équipement et les vêtements. Il faut assumer les frais de déplacement et de séjour lors des compétitions. Cela signifie qu'il faut trouver un travail qui laisse du temps libre pour surfer.

Une compétition sur neige artificielle.

Certains snowboarders vivent de leur sport, et quand ils sont sponsorisés par un grand fabricant, la vie est belle. Ne te fais pas trop d'illusions sur ton niveau. Seuls les champions exceptionnels parviennent à décrocher des contrats. Et ce sont souvent de petits contrats.

Se faire sponsoriser

1re étape : tu figures parmi les trois premiers dans une compétition locale. Tu persuades alors un magasin spécialisé de te vendre un équipement à prix réduit.

2e étape : le magasin te fournit ton équipement.

3e étape : tu as un niveau national. Tu es alors contacté par un représentant d'un grand fabricant qui t'équipe et te donne un peu d'argent.

4e étape : tu es l'un des meilleurs snowboarders du monde. Le grand jour est arrivé : le fabricant souhaite que tu surfes pour lui à temps plein.

Les avantages de la sponsorisation : hélicoptères + snowmobiles = beaucoup de plaisir.

La compétition

Les compétitions nocturnes sous projecteurs ont de plus en plus de succès.

Le snowboard était à l'origine une activité réservée à de petits groupes marginaux. Les rencontres étaient alors amicales pour présenter de nouvelles figures. Elles sont devenues aujourd'hui de véritables compétitions, mais elles se déroulent encore dans une ambiance détendue que la plupart des autres sportifs ne connaissent pas.

L'arrivée de l'argent dans le circuit a modifié quelque peu cette ambiance. Mais la victoire, comme la défaite, dépend de tes performances et non de celles des autres. Ce que tu réussis à faire reste plus important que la victoire elle-même.

Les compétitions

Le half-pipe : les concurrents se lancent l'un après l'autre dans le half-pipe et exécutent des figures notées.

Le slalom : les concurrents descendent une piste en passant dans des portes. Les riders descendent deux par deux et le vainqueur est qualifié pour le tour suivant.

Le saut : dans ces compétitions, comme la *Air and Style* d'Innsbruck, les snowboarders sautent sur de grands tremplins et tentent d'impressionner les juges par leurs figures.

L'extrême : les snowboarders descendent, chacun leur tour, une montagne par la voie la plus difficile et le plus rapidement possible. Tendances suicidaires indispensables.

STR TTON
Vermont's Mountain Resort

La sécurité en montagne

Splash ! …

La plupart des stations de ski souffrent d'un désordre plus ou moins contrôlé. En effet, se retrouvent sur les mêmes pistes une foule de skieurs de niveaux très différents, certains allant très vite.

Afin d'éviter les collisions, on a instauré quelques règles simples que tout snowboarder devrait respecter. Dans certaines stations, tu peux être expulsé à titre définitif si tu les enfreins. Ce qui est très déplaisant, surtout si tu viens à peine d'entamer ton abonnement aux remontées mécaniques.

… Vlan !

Pour surfer malin

- **Le skieur en contrebas a la priorité.** Si tu descends derrière une personne qui va moins vite que toi, tu dois la contourner sans prendre de risques. Ce n'est pas à elle de s'écarter parce qu'elle ne sait probablement pas que tu arrives.
- **Ne t'arrête pas là où tu es invisible ou gênant.** T'arrêter au milieu d'une piste très fréquentée pour manger du chocolat n'est pas une très bonne idée. T'arrêter près du sommet d'une bosse non plus, car les skieurs arrivent généralement très vite.
- **Garde le contrôle de ta planche.** Si elle t'échappe et dévale la pente à grande vitesse, elle peut causer des dégâts. Et même si ce n'est pas le cas, il te faudra marcher longtemps pour la récupérer.
- **Ne descends que des pentes qui restent à ton niveau.** Sinon, tu mets ta vie et celle des sauveteurs en danger.

... et boum ! Il vaut mieux éviter ce genre de situations.

Es-tu un lecteur attentif ?

L'objectif de ce questionnaire est non seulement de déterminer si le snowboard est un sport qui te convient, mais aussi d'analyser ta personnalité. Non ! En réalité, c'est pour savoir si tu as bien lu ce livre.

1. Les premières planches de snowboard ont été créées :
a) par des soldats romains lors d'une traversée des Alpes ?
b) par des bûcherons canadiens ?
c) par des adeptes de surf et de skateboard qui voulaient goûter aux joies de la neige ?

2. Jake Burton est :
a) un explorateur célèbre ?
b) le premier mari de Liz Taylor ?
c) le grand-père du snowboard ?

3. Les amateurs de freestyle préfèrent les planches courtes parce que :
a) elles les font paraître plus grands ;
b) elles rentrent plus facilement dans les funiculaires ;
c) elles sont plus légères, ce qui facilite les spins.

4. Les plaques sont les plus appréciées :
a) parce qu'elles sont plus faciles à mettre et à enlever ;
b) parce que tu ne passes pas des heures à mettre tes coques ;
c) pour ces deux raisons à la fois.

5. Le plus important pour tes vêtements, c'est :
a) qu'ils soient de la couleur et de la marque à la mode ;
b) qu'ils aillent bien ensemble et qu'ils soient en harmonie avec la couleur de tes cheveux ;
c) qu'ils te protègent du froid et de l'humidité.

6. Le meilleur endroit pour faire une pause, c'est :
a) le milieu de la piste : tu as une belle vue et tu peux regarder passer tous les skieurs ;
b) près d'une crête : tu es à l'abri du vent ;
c) le bord de la piste : tout le monde peut te voir et tu ne gênes personne.

7. Un débutant lent te bloque le passage :
a) tu lui cries : « Hé, dégage de là ! » ;
b) tu le dépasses en le frôlant et en espérant qu'il ne va pas tourner ;
c) tu ralentis et tu attends que le passage soit plus large pour le dépasser sans aucun risque.

Tes résultats :
Tu as une majorité de a : tu es le genre de personne qui commence les livres par la fin, n'est-ce pas ? Et tu t'es contenté de regarder les photos, non ?
Tu as un majorité de b : tu t'es contenté de regarder les photos et de lire les légendes, non ?
Tu as un majorité de c : bien joué. La prochaine fois que tu vas surfer, je peux t'accompagner ?

Glossaire

air : un saut.

backside : la partie dos du surf, du côté des talons.
board (un) : la planche, le surf.

carre : la baguette d'acier qui borde le surf.
carver : tourner sans déraper.

fakie : rider en fakie, c'est glisser en marche arrière.
freeride : la discipline qui privilégie la recherche de liberté et de sensations fortes sur des pentes vierges.
freestyle : la discipline qui privilégie les figures acrobatiques aériennes (half-pipe).
frontside : la partie face du surf, du côté des orteils.

goofy : un snowboarder qui surfe le pied droit en avant.
grab : action de saisir le surf d'une main pendant un saut.
grabber : faire un grab.

half-pipe : une installation en forme de U, longue de 80 à 120 m et utilisée pour exécuter des figures acrobatiques ; la discipline pratiquée sur ce type de piste.

method : une figure consistant à saisir, par-derrière, entre les pieds, la carre backside avec la main avant.

nose : la spatule avant.

quarter-pipe : une piste de snowboard en forme de quart de cercle et utilisée pour faire des sauts.

regular : un snowboarder qui surfe le pied gauche en avant.
rider : (nom) un snowboarder ou rideur, ou surfeur ; (verbe) surfer.

slide : une glissade ; glisser.
snowboarder : une personne qui pratique le snowboard.
snowpark : espace aménagé qui propose des obstacles ludiques (half-pipe, tremplins…).
spin : une vrille.
stale fish : une figure consistant à saisir, par-derrière, entre les pieds, la carre backside avec la main arrière.
surf : la planche.

tail : la spatule arrière.
tail grab : une figure consistant à saisir la spatule arrière avec la main arrière.
trick : une figure.

360° : ou trois six, un tour complet sur soi-même lors d'un saut.

Pour plus d'informations

Des livres

Ski et snowboard, G. Spini, De Vecchi, 2001.
Le Snowboard illustré de A à Z, B. Harty, Source publishing, 2000.
Snowboard passion, Karine Ruby, Hachette, 1999.
12 visions du snowboard, Jean Nerva, Glénat, 1999.
Ski freeride, Pierrick Garenne, EPA, 1999.
Vive la glisse, surf des neiges, Greg Daniells, Solar, 1999.
Snow board, Nathan, 1999.
Snow-board de F. Oddoux, EPA, 1998.
Snow board : figures libres, Jean Nerva, F. Mercier, 1997.

Des vidéos

Snowboard, 3 vol., AR, 1999.
Snowboard free style, EDI, 1999.
Snow board, VTEL, 1998.
Le Snow board, VTEL, 1998.
Snowboard, F. Mahieu, DSV, 1994.
Free snowboard, SDA.
Snowboard, Tourner et Glisser, EPI.

Sur le net

Une grande quantité d'informations sur les stations (cartes des pistes, hébergement, transport…) sont disponibles. Il suffit généralement de taper le nom de la station dans un moteur de recherche pour les voir s'afficher.
La plupart des fabricants de planches possèdent leur site : il suffit là aussi de taper le nom pour accéder au site.
www. surf-attitude.com :
(un portail consacré aux sports de glisse).

Index